PREFACIO

La colección de guías de conversación para viajar "Todo irá bien" publicada por T&P Books está diseñada para personas que viajan al extranjero para turismo y negocios. Las guías contienen lo más importante - los elementos esenciales para una comunicación básica.Éste es un conjunto de frases imprescindibles para "sobrevivir" mientras está en el extranjero.

Esta guía de conversación le ayudará en la mayoría de los casos donde usted necesite pedir algo, conseguir direcciones, saber cuánto cuesta algo, etc. Puede también resolver situaciones difíciles de la comunicación donde los gestos no pueden ayudar.

Este libro contiene muchas frases que han sido agrupadas según los temas más relevantes.También encontrará un mini diccionario con palabras útiles - números, hora, calendario, colores…

Llévese la guía de conversación "Todo irá bien" en el camino y tendrá una insustituible compañera de viaje que le ayudará a salir de cualquier situación y le enseñará a no temer hablar con extranjeros.

TABLA DE CONTENIDOS

T&P Books Publishing

Colección de guías de conversación
"¡Todo irá bien!"

T&P Books Publishing

GUÍA DE CONVERSACIÓN
— ARMENIO —

LAS PALABRAS Y LAS FRASES MÁS ÚTILES

Esta Guía de Conversación contiene las frases y las preguntas más comunes necesitadas para una comunicación básica con extranjeros

Andrey Taranov

T&P BOOKS

Guía de conversación + diccionario de 250 palabras

Guía de conversación Español-Armenio y mini diccionario de 250 palabras

por Andrey Taranov

La colección de guías de conversación para viajar "Todo irá bien" publicada por T&P Books está diseñada para personas que viajan al extranjero para turismo y negocios. Las guías contienen lo más importante - los elementos esenciales para una comunicación básica. Éste es un conjunto de frases imprescindibles para "sobrevivir" mientras está en el extranjero.

También encontrará un mini diccionario con 250 palabras útiles necesarias para la comunicación diaria - los nombres de los meses y de los días de la semana, medidas, miembros de la familia, y más.

T&P Books Publishing
www.tpbooks.com

ISBN: 978-1-78492-630-4

Este libro está disponible en formato electrónico o de E-Book también.
Visite www.tpbooks.com o las librerías electrónicas más destacadas en la Red.

PRONUNCIACIÓN

T&P alfabeto fonético	Ejemplo armenio	Ejemplo español
[a]	ճանաչել [čanačél]	radio
[ə]	փախալ [pʰespʰəsál]	llave
[e]	հեկտար [hektár]	verano
[ē]	էկրան [ēkrán]	mes
[i]	ֆիզիկոս [fizikós]	ilegal
[o]	շոկոլադ [šokolád]	bordado
[u]	հույնուհի [hujnuhí]	mundo
[b]	բամբակ [bambák]	en barco
[d]	դադար [dadár]	desierto
[f]	ֆաբրիկա [fábrika]	golf
[g]	գանգ [gang]	jugada
[j]	ջուջմ [djujm]	asiento
[h]	հայունհի [hajuhí]	registro
[x]	խախտել [xaxtél]	reloj
[k]	կոճակ [kočák]	charco
[l]	փիլվել [pʰlvel]	lira
[m]	մտածել [mtatsél]	nombre
[t]	տաքսի [taksí]	torre
[n]	նրանք [nrankʰ]	número
[r]	լար [lar]	era, alfombra
[p]	պոմպ [pomp]	precio
[ǵ]	տղամարդ [tǵamárd]	R francesa (gutural)
[s]	սուս [soús]	salva
[ts]	ծանոթ [tsanótʰ]	tsunami
[v]	ոստիկան [vostikán]	travieso
[z]	զանգ [zang]	desde
[kʰ]	երեք [erékʰ]	[k] aspirada
[pʰ]	փրկել [pʰrkel]	[p] aspirada
[tʰ]	թատրոն [tʰatrón]	[t] aspirada
[tsʰ]	ակնոց [aknótsʰ]	[ts] aspirado
[ʒ]	ժամանակ [ʒamanák]	adyacente
[dz]	ոձիք [odzíkʰ]	inglés kids
[dʒ]	հաջող [hadʒóǵ]	jazz
[č]	վիճել [vičél]	mapache

T&P alfabeto fonético	Ejemplo armenio	Ejemplo español
[š]	շահույթ [šahújtʰ]	shopping
[']	բամակ [baʒák]	acento primario

LISTA DE ABREVIATURAS

Abreviatura en español

adj	-	adjetivo
adv	-	adverbio
anim.	-	animado
conj	-	conjunción
etc.	-	etcétera
f	-	sustantivo femenino
f pl	-	femenino plural
fam.	-	uso familiar
fem.	-	femenino
form.	-	uso formal
inanim.	-	inanimado
innum.	-	innumerable
m	-	sustantivo masculino
m pl	-	masculino plural
m, f	-	masculino, femenino
masc.	-	masculino
mat	-	matemáticas
mil.	-	militar
num.	-	numerable
p.ej.	-	por ejemplo
pl	-	plural
pron	-	pronombre
sg	-	singular
v aux	-	verbo auxiliar
vi	-	verbo intransitivo
vi, vt	-	verbo intransitivo, verbo transitivo
vr	-	verbo reflexivo
vt	-	verbo transitivo

Puntuación en armenio

´	-	signo de admiración
՞	-	signo de interrogación
,	-	coma

GUÍA DE
CONVERSACIÓN
ARMENIO

Esta sección contiene frases
importantes que pueden
resultar útiles en varias
situaciones de la vida real.
La Guía le ayudará a pedir
direcciones, aclaración
sobre precio, comprar billetes,
y pedir alimentos en un
restaurante

T&P Books Publishing

CONTENIDO DE LA GUÍA DE CONVERSACIÓN

T&P Books Publishing

Lo más imprescindible

Perdone, ...
Ներեցեք, ...
[nerets^hék^h, ...]

Hola.
Բարև Ձեզ:
[barév dzez]

Gracias.
Շնորհակալություն:
[šnorhakalut^hjún]

Sí.
Այո:
[ajó]

No.
Ոչ:
[voč]

No lo sé.
Ես չգիտեմ:
[es čgitém]

¿Dónde? | ¿A dónde? | ¿Cuándo?
Ո՞րտեղ: | Ո՞ւր: | Ե՞րբ:
[vórteg? | ur? | erb?]

Necesito ...
Ինձ հարկավոր է ...
[indz harkavór e ...]

Quiero ...
Ես ուզում եմ ...
[es uzúm em ...]

¿Tiene ...?
Դուք ունե՞ք ...:
[duk^h unék^h ...?]

¿Hay ... por aquí?
Այստեղ կա՞ ...:
[ajstég ka ...?]

¿Puedo ...?
Ես կարո՞ղ եմ ...:
[es karóg em ...?]

..., por favor? (petición educada)
Խնդրում եմ
[xndrum em]

Busco ...
Ես փնտրում եմ ...
[es p^hntrum em ...]

el servicio
զուգարան
[zugarán]

un cajero automático
բանկոմատ
[bankomát]

una farmacia
դեղատուն
[degatún]

el hospital
հիվանդանոց
[hivandanóts^h]

la comisaría
ոստիկանության բաժանմունք
[vostikanut^hján bažanmúnk^h]

el metro
մետրո
[metró]

12

un taxi	տաքսի [tak^hsi]
la estación de tren	կայարան [kajarán]

Me llamo ...	Իմ անունը ... է: [im anúnə ... ē]
¿Cómo se llama?	Ձեր անունն ի՞նչ է: [dzer anúnn inč ē?]
¿Puede ayudarme, por favor?	Օգնեցեք ինձ, խնդրեմ: [ognets^hék^h indz, χndrem]
Tengo un problema.	Ես խնդիր ունեմ: [es χndir uném]
Me encuentro mal.	Ես ինձ վատ եմ զգում: [es indz vat em zgum]
¡Llame a una ambulancia!	Շտապ օգնություն կանչեք: [štap ognut^hjún kančék^h]
¿Puedo llamar, por favor?	Կարո՞ղ եմ զանգահարել: [karóġ em zangaharél?]

Lo siento.	Ներեցեք [nerets^hék^h]
De nada.	Խնդրեմ [χndrem]

Yo	ես [es]
tú	դու [du]
él	նա [na]
ella	նա [na]
ellos	նրանք [nrank^h]
ellas	նրանք [nrank^h]
nosotros /nosotras/	մենք [menk^h]
ustedes, vosotros	դուք [duk^h]
usted	Դուք [nrank^h]

ENTRADA	ՄՈՒՏՔ [mutk^h]
SALIDA	ԵԼՔ [elk^h]
FUERA DE SERVICIO	ՉԻ ԱՇԽԱՏՈՒՄ [či ašχatúm]
CERRADO	ՓԱԿ Է [p^hak ē]

ABIERTO	ԲԱՑ Է
	[batsʰ ē]
PARA SEÑORAS	ԿԱՆԱՆՑ ՀԱՄԱՐ
	[kanántsʰ hamár]
PARA CABALLEROS	ՏՂԱՄԱՐԴԿԱՆՑ ՀԱՄԱՐ
	[tġamardkántsʰ hamár]

Preguntas

¿Dónde?	Որտե՞ղ: [vortég?]
¿A dónde?	Ո՞ւր: [ur?]
¿De dónde?	Որտեղի՞ց: [vorteghitsʰ?]
¿Por qué?	Ինչու՞: [inčú?]
¿Con que razón?	Ինչի՞ համար: [inčí hamar?]
¿Cuándo?	Ե՞րբ: [erb?]

¿Cuánto tiempo?	Ինչքա՞ն ժամանակ: [inčkʰán ʒamanák?]
¿A qué hora?	Ժամը քանիսի՞ն: [ʒámə kʰanisín?]
¿Cuánto?	Ի՞նչ արժե: [inč arʒé?]
¿Tiene ...?	Դուք ունե՞ք ...: [dukʰ unékʰ ...?]
¿Dónde está ...?	Որտե՞ղ է գտնվում ...: [vortég ē gtnvum ...?]

¿Qué hora es?	Ժամը քանի՞սն է: [ʒámə kʰanìsn ē?]
¿Puedo llamar, por favor?	Կարո՞ղ եմ զանգահարել: [karóg em zangaharél?]
¿Quién es?	Ո՞վ է: [ov ē?]
¿Se puede fumar aquí?	Կարո՞ղ եմ այստեղ ծխել: [karóg em ajstég tsχel?]
¿Puedo ...?	Ես կարո՞ղ եմ ...: [es karóg em ...?]

Necesidades

Quisiera …
Ես կուզենայի …
[es kuzenají …]

No quiero …
Ես չեմ ուզում …
[es čem uzúm …]

Tengo sed.
Ես ծարավ եմ:
[es tsaráv em]

Tengo sueño.
Ես ուզում եմ քնել:
[es uzúm em kʰnel]

Quiero …
Ես ուզում եմ …
[es uzúm em …]

lavarme
լվացվել
[lvatsʰvél]

cepillarme los dientes
ատամներս մաքրել
[atamnérs makʰrél]

descansar un momento
մի քիչ հանգստանալ
[mi kʰič hangstanál]

cambiarme de ropa
շորերս փոխել
[šorérs pʰoxél]

volver al hotel
վերադառնալ հյուրանոց
[veradarnál hjuranótsʰ]

comprar …
գնել …
[gnel …]

ir a …
գնալ …
[gnal …]

visitar …
այցելել …
[ajtsʰelél …]

quedar con …
հանդիպել … հետ
[handipél … het]

hacer una llamada
զանգահարել
[zangaharél]

Estoy cansado /cansada/.
Ես հոգնել եմ:
[es hognél em]

Estamos cansados /cansadas/.
Մենք հոգնել ենք:
[menk hognél enkʰ]

Tengo frío.
Ես մրսում եմ:
[es mrsum em]

Tengo calor.
Ես շոգում եմ:
[es šogúm em]

Estoy bien.
Ես լավ եմ:
[es lav em]

Tengo que hacer una llamada.

Ես պետք է զանգահարեմ։
[es petkʰ ē zangaharém]

Necesito ir al servicio.

Ես զուգարան եմ ուզում։
[es zugarán em uzúm]

Me tengo que ir.

Գնալու ժամանակն է։
[gnalús ʒamanákn ē]

Me tengo que ir ahora.

Ես պետք է գնամ։
[es petkʰ ē gnam]

Preguntar por direcciones

Perdone, …	Ներեցեք, … [neretsʰékʰ, …]
¿Dónde está …?	Որտե՞ղ է գտնվում … [vortég é gtnvum …?]
¿Por dónde está …?	Ո՞ր ուղղությամբ է գտնվում … [vor uģgutʰjámb é gtnvum …?]
¿Puede ayudarme, por favor?	Օգնեցեք ինձ, խնդրեմ: [ognetsʰékʰ indz, χndrem]

Busco …	Ես փնտրում եմ … [es pʰntrum em …]
Busco la salida.	Ես փնտրում եմ ելքը: [es pʰntrum em élkʰə]
Voy a …	Ես գնում եմ … [es gnum em …]
¿Voy bien por aquí para …?	Ես ճի՞շտ եմ գնում …: [es číšt em gnum …?]

¿Está lejos?	Դա հեռո՞ւ է: [da hérú é?]
¿Puedo llegar a pie?	Ես կհասնե՞մ այնտեղ votkʰóv? [es khasném ajntég votkʰóv?]
¿Puede mostrarme en el mapa?	Ցույց տվեք ինձ քարտեզի վրա, խնդրում եմ: [tsʰujtsʰ tvekʰ indz kartezí vra, χndrum em]
Por favor muestreme dónde estamos.	Ցույց տվեք՝ որտեղ ենք մենք հիմա: [tsʰujtsʰ tvekʰ, vortég enkʰ menkʰ himá]

Aquí	Այստեղ [ajstég]
Allí	Այնտեղ [ajntég]
Por aquí	Այստեղ [ajstég]

Gire a la derecha.	Թեքվեք աջ: [tʰekvékʰ ač]
Gire a la izquierda.	Թեքվեք ձախ: [tʰekvékʰ dzáχ]
la primera (segunda, tercera) calle	առաջին (երկրորդ, երրորդ) շրջադարձ [aračin (erkrórd, errórd) šrdžadárts]
a la derecha	դեպի աջ [depí ač]

a la izquierda

դեպի ձախ
[depi dzaχ]

Siga recto.

Գնացեք ուղիղ:
[gnatsʰékʰ ugíg]

Carteles

¡BIENVENIDO!

ԲԱՐԻ ԳԱԼՈՒՍՏ:
[barí galúst!]

ENTRADA

ՄՈՒՏՔ
[mutkʰ]

SALIDA

ԵԼՔ
[elkʰ]

EMPUJAR

ԴԵՊԻ ՆԵՐՍ
[depí ners]

TIRAR

ԴԵՊԻ ԴՈՒՐՍ
[depí durs]

ABIERTO

ԲԱՑ Է
[batsʰ ē]

CERRADO

ՓԱԿ Է
[pʰak ē]

PARA SEÑORAS

ԿԱՆԱՆՑ ՀԱՄԱՐ
[kanántsʰ hamár]

PARA CABALLEROS

ՏՂԱՄԱՐԴԿԱՆՑ ՀԱՄԱՐ
[tġamardkántsʰ hamár]

CABALLEROS

ՏՂԱՄԱՐԴԿԱՆՑ ԶՈՒԳԱՐԱՆ
[tġamardkántsʰ zugarán]

SEÑORAS

ԿԱՆԱՆՑ ԶՈՒԳԱՐԱՆ
[kanántsʰ zugarán]

REBAJAS

ԶԵՂՋ
[zeġč]

VENTA

ԻՍՊԱՌ ՎԱՃԱՌՔ
[ispár vačárkʰ]

GRATIS

ԱՆՎՃԱՐ
[anvčár]

¡NUEVO!

ՆՈՐՈՒԹՅԹ
[norújtʰ]

ATENCIÓN

ՈՒՇԱԴՐՈՒԹՅՈՒՆ
[ušadrutʰjún]

COMPLETO

ԱԶԱՏ ՀԱՄԱՐՆԵՐ ՉԿԱՆ
[azát hamarnér čkan]

RESERVADO

ՊԱՏՎԻՐՎԱԾ Է
[patvirváts ē]

ADMINISTRACIÓN

ԱԴՄԻՆԻՍՏՐԱՑԻԱ
[administratsʰiá]

SÓLO PERSONAL AUTORIZADO

ՄԻԱՅՆ ԱՆՁՆԱԿԱԶՄԻ ՀԱՄԱՐ
[miájn andznakazmí hamár]

CUIDADO CON EL PERRO	ԿԱՍԱՂԱԾ ՇՈՒՆ [kataǧáts šun]
NO FUMAR	ՉԾԽԵ՛Լ [čtsχel]
NO TOCAR	ՁԵՌՔԵՐՈՎ ՉԴԻՊՉԵԼ [dzerkʰeróv čdipčél]

PELIGROSO	ՎՏԱՆԳԱՎՈՐ Է [vtangavór ē]
PELIGRO	ՎՏԱՆԳ [vtang]
ALTA TENSIÓN	ԲԱՐՁՐ ԼԱՐՈՒՄ [barțsr larúm]
PROHIBIDO BAÑARSE	ԼՈՂԱԼՆ ԱՐԳԵԼՎՈՒՄ Է [loǧáln argelvúm ē]

FUERA DE SERVICIO	ՉԻ ԱՇԽԱՏՈՒՄ [či ašχatúm]
INFLAMABLE	ԴՅՈՒՐԱՎԱՌ Է [djuravár ē]
PROHIBIDO	ԱՐԳԵԼՎԱԾ Է [argelváts ē]
PROHIBIDO EL PASO	ՄՈՒՏՔՆ ԱՐԳԵԼՎԱԾ Է [mutkʰn argelváts ē]
RECIÉN PINTADO	ՆԵՐԿՎԱԾ Է [nerkváts ē]

CERRADO POR RENOVACIÓN	ՓԱԿՎԱԾ Է ՎԵՐԱՆՈՐՈԳՄԱՆ [pʰakváts ē veranorogmán]
EN OBRAS	ՎԵՐԱՆՈՐՈԳՄԱՆ ԱՇԽԱՏԱՆՔՆԵՐ [veranorogmán ašχatankʰnér]
DESVÍO	ՇՐՋԱՆՑՈՒՄ [šrdʒantsʰúm]

Transporte. Frases generales

el avión	ինքնաթիռ [inkʰnatʰír]
el tren	գնացք [gnatsʰkʰ]
el bus	ավտոբուս [avtobús]
el ferry	լաստանավ [lastanáv]
el taxi	տաքսի [takʰsí]
el coche	ավտոմեքենա [avtomekʰená]
el horario	չվացուցակ [čvatsʰutsʰák]
¿Dónde puedo ver el horario?	Որտե՞ղ կարելի է նայել չվացուցակը: [vortéġ karelí é najél čvatsʰutsʰákə?]
días laborables	աշխատանքային օրեր [ašχatankʰajín orér]
fines de semana	հանգստյան օրեր [hangstsján orér]
días festivos	տոնական օրեր [tonakán orér]
SALIDA	ՄԵԿՆՈՒՄ [meknúm]
LLEGADA	ԺԱՄԱՆՈՒՄ [ʒamanúm]
RETRASADO	ՈՒՇԱՑՈՒՄ [ušatsʰúm]
CANCELADO	ՉԵՂՅԱԼ [čeġjál]
siguiente (tren, etc.)	հաջորդ [hadʒórd]
primero	առաջին [aračín]
último	վերջին [verčín]
¿Cuándo pasa el siguiente ...?	Ե՞րբ է լինելու հաջորդ ...: [erb é linelú hadʒórd ...?]
¿Cuándo pasa el primer ...?	Ե՞րբ է մեկնում առաջին ...: [erb é meknúm aračín ...?]

¿Cuándo pasa el último …?

Ե՞րբ է մեկնում վերջին …:
[erb ē meknúm verčin …?]

el trasbordo (cambio de trenes, etc.)

նստափոխ
[nstapʰóx]

hacer un trasbordo

նստափոխ կատարել
[nstapʰóx katarél]

¿Tengo que hacer un trasbordo?

Ես պետք է նստափո՞խ կատարեմ:
[es petkʰ ē nstapʰóx katarém?]

Comprar billetes

¿Dónde puedo comprar un billete?	Որտե՞ղ կարող եմ տոմսեր գնել: [vortég karóg em tomsér gnel?]
el billete	տոմս [toms]
comprar un billete	տոմս գնել [toms gnel]
precio del billete	տոմսի արժեքը [tomsí arʒékʰə]

¿Para dónde?	Ո՞ւր: [ur?]
¿A qué estación?	Մինչև ո՞ր կայարան: [minčév vor kajarán?]
Necesito ...	Ինձ հարկավոր է ... [indz harkavór ē ...]
un billete	մեկ տոմս [mek toms]
dos billetes	երկու տոմս [erkú toms]
tres billetes	երեք տոմս [erékʰ toms]

sólo ida	մեկ ուղղությամբ [mek uggutʰjámb]
ida y vuelta	վերադարձով [veradarsóv]
en primera (primera clase)	առաջին դաս [aračín das]
en segunda (segunda clase)	երկրորդ դաս [erkrórd das]

hoy	այսոր [ajsór]
mañana	վաղը [vágə]
pasado mañana	վաղը չէ մյուս օրը [vágə čē mjus órə]
por la mañana	առավոտյան [aravotján]
por la tarde	ցերեկը [tsʰerékə]
por la noche	երեկոյան [erekoján]

asiento de pasillo	տեղ միջանցքի մոտ [teg midžantsʰkʰí mot]
asiento de ventanilla	տեղ պատուհանի մոտ [teg patuhaní mot]
¿Cuánto cuesta?	Ինչքա՞ն: [inčkʰán?]
¿Puedo pagar con tarjeta?	Կարո՞ղ եմ վճարել քարտով: [karóġ em včarél kʰartóv?]

Autobús

el autobús	ավտոբուս [avtobús]
el autobús interurbano	միջքաղաքային ավտոբուս [miǰkagak"ajin avtobús]
la parada de autobús	ավտոբուսի կանգառ [avtobúsi kangár]
¿Dónde está la parada de autobuses más cercana?	Որտե՞ղ է մոտակա ավտոբուսի կանգառը: [vortég ē motaká avtobusí kangárə?]

número	համար [hamár]
¿Qué autobús tengo que tomar para ...?	Ո՞ր ավտոբուսն է գնում մինչև ...: [vor avtobúsn ē gnum minčév ...?]
¿Este autobús va a ...?	Այս ավտոբուսը գնու՞մ է մինչև ...: [ajs avtobúsə gnum ē minčév ...?]
¿Cada cuanto pasa el autobús?	Որքա՞ն հաճախ են երթևեկում ավտոբուսները: [vork"án hačáx en ertevekum avtobusnérə?]

cada 15 minutos	յուրաքանչյուր տասնհինգ րոպեն մեկ [jurak"ančjúr tasnhíng ropén mek]
cada media hora	յուրաքանչյուր կես ժամը մեկ [jurak"ančjúr kes žámə mek]
cada hora	յուրաքանչյուր ժամը մեկ [jurak"ančjúr žámə mek]
varias veces al día	օրեկան մի քանի անգամ [orekán mi k"áni angám]
... veces al día	օրեկան ... անգամ [orekán ... angám]

el horario	չվացուցակ [čvac"uc"ák]
¿Dónde puedo ver el horario?	Որտե՞ղ կարելի է նայել չվացուցակը: [vortég karelí ē najél čvac"uc"ákə?]
¿Cuándo pasa el siguiente autobús?	Ե՞րբ է լինելու հաջորդ ավտոբուսը: [erb ē linelú hadžórd avtobúsə?]
¿Cuándo pasa el primer autobús?	Ե՞րբ է մեկնում առաջին ավտոբուսը: [erb ē meknúm aračín avtobúsə?]
¿Cuándo pasa el último autobús?	Ե՞րբ է մեկնում վերջին ավտոբուսը: [erb ē meknúm verčín avtobúsə?]

la parada	կանգառ [kangár]
la siguiente parada	հաջորդ կանգառ [hadžòrd kangár]
la última parada	վերջին կանգառ [verčìn kangár]
Pare aquí, por favor.	Կանգնեք այստեղ, խնդրում եմ: [kangnékʰ ajstég, χndrum em]
Perdone, esta es mi parada.	Թույլ տվեք, սա իմ կանգառն է: [tʰujl tvekʰ, sa im kangárn ē]

Tren

el tren	գնացք [gnatsʰkʰ]
el tren de cercanías	մերձքաղաքային գնացք [merdzkaġakajín gnatsʰkʰ]
el tren de larga distancia	հեռագնաց գնացք [heragnátsʰ gnatsʰkʰ]
la estación de tren	կայարան [kajarán]
Perdone, ¿dónde está la salida al anden?	Ներեցեք, որտե՞ղ է ելքը դեպի գնացքները: [neretsʰékʰ, vortéġ ē élkə depí gnatsʰkʰnérə?]

¿Este tren va a ...?	Այս գնացքը գնու՞մ է մինչև ...: [ajs gnátsʰkʰə gnum ē minčév ...?]
el siguiente tren	հաջորդ գնացքը [hadʒórd gnátsʰkʰə]
¿Cuándo pasa el siguiente tren?	Ե՞րբ է լինելու հաջորդ գնացքը: [erb ē linelú hadʒórd gnátsʰkʰə?]
¿Dónde puedo ver el horario?	Որտե՞ղ կարելի է նայել չվացուցակը: [vortéġ karelí ē najél čvatsʰutsʰákə?]
¿De qué andén?	Ո՞ր հարթակից: [vor hartʰakítsʰ?]
¿Cuándo llega el tren a ...?	Ե՞րբ է գնացքը ժամանում ...: [erb ē gnátsʰkʰə ʒamanúm ...?]

Ayudeme, por favor.	Օգնեցեք ինձ, խնդրեմ: [ognetsʰékʰ indz, χndrem]
Busco mi asiento.	Ես փնտրում եմ իմ տեղը: [es pʰntrúm em im tégə]
Buscamos nuestros asientos.	Մենք փնտրում ենք մեր տեղերը: [menkʰ pʰntrúm enkʰ mer teġérə]

Mi asiento está ocupado.	Իմ տեղը զբաղված է: [im tégə zbaġváts ē]
Nuestros asientos están ocupados.	Մեր տեղերը զբաղված են: [mer teġérə zbaġváts en]
Perdone, pero ese es mi asiento.	Ներեցեք, խնդրում եմ, բայց սա իմ տեղն է: [neretsʰékʰ, χndrum ēm, bajtsʰ sa im teġn ē]

¿Está libre?

Այս տեղն ազատ է:
[ajs tegn azát ē?]

¿Puedo sentarme aquí?

Կարո՞ղ եմ այստեղ նստել:
[karóǵ em ajstéǵ nstel?]

En el tren. Diálogo (Sin billete)

Su billete, por favor.

Ձեր տոմսը, խնդրեմ:
[dzer tómsə, χndrem]

No tengo billete.

Ես տոմս չունեմ:
[es toms čuném]

He perdido mi billete.

Ես կորցրել եմ իմ տոմսը:
[es kortsʰrél em im tómsə]

He olvidado mi billete en casa.

Ես մոռացել եմ իմ տոմսը տանը:
[es moratsʰél em im tómsə tánə]

Le puedo vender un billete.

Դուք կարող եք գնել տոմս ինձանից:
[dukʰ karóg ekʰ gnel toms indzanítsʰ]

También deberá pagar una multa.

Նաև դուք պետք է վճարեք տուգանք:
[naév dukʰ petk ē včarékʰ tugánkʰ]

Vale.

Լավ:
[lav]

¿A dónde va usted?

Ո՞ւր եք մեկնում:
[ur ekʰ meknúm?]

Voy a ...

Ես գնում եմ մինչև ...
[es gnum em minčév ...]

¿Cuánto es? No lo entiendo.

Ինչքա՞ն է: Ես չեմ հասկանում:
[inčkʰán? es čem haskanúm]

Escríbalo, por favor.

Գրեք, խնդրում եմ:
[grekʰ, χndrum em]

Vale. ¿Puedo pagar con tarjeta?

Լավ: Կարո՞ղ եմ վճարել քարտով:
[lav karóg em včarél kʰartóv?]

Sí, puede.

Այո, կարող եք:
[ajó, karóg ekʰ]

Aquí está su recibo.

Ահա ձեր անդորրագիրը:
[ahá dzer andorragirə]

Disculpe por la multa.

Ծավլում եմ տուգանքի համար:
[tsʰavúm em tugánkʰi hamár]

No pasa nada. Fue culpa mía.

Ոչինչ: Դա իմ մեղքն է:
[vočínč. da im megkʰn ē]

Disfrute su viaje.

Հաճելի ճանապարհորդություն:
[hačelí čanaparhordutʰjún]

Taxi

taxi	տաքսի [tak^hsí]
taxista	տաքսու վարորդ [tak^hsú varórd]
coger un taxi	տաքսի բռնել [tak^hsí brnel]
parada de taxis	տաքսու կանգառ [tak^hsú kangár]
¿Dónde puedo coger un taxi?	Որտե՞ղ կարող եմ տաքսի վերցնել։ [vortég karóg em tak^hsí verts^hnél?]
llamar a un taxi	տաքսի կանչել [tak^hsí kančél]
Necesito un taxi.	Ինձ տաքսի է հարկավոր։ [indz tak^hsí ē harkavór]
Ahora mismo.	Հենց հիմա։ [hents^h híma]
¿Cuál es su dirección?	Ձեր հասցե՞ն։ [dzer hasts^hén?]
Mi dirección es ...	Իմ հասցեն ... [im hasts^hén ...]
¿Cuál es el destino?	Ո՞ւր եք գնալու։ [ur ek^h gnalú?]

Perdone, ...	Ներեցեք, ... [nerets^hék^h, ...]
¿Está libre?	Ազա՞տ եք։ [azát ek^h?]
¿Cuánto cuesta ir a ...?	Ի՞նչ արժե հասնել մինչև ...։ [inč aržé hasnél minčév ...?]
¿Sabe usted dónde está?	Դուք գիտե՞ք որտեղ է դա։ [duk^h giték^h vortég ē da?]

Al aeropuerto, por favor.	Օդանավակայան, խնդրում եմ։ [odanavakaján, xndrum em]
Pare aquí, por favor.	Կանգնեցնեք այստեղ, խնդրում եմ։ [kangnets^hrék^h ajstég, gndrum em]
No es aquí.	Դա այստեղ չէ։ [da ajstég čē]
La dirección no es correcta.	Դա սխալ հասցե է։ [da sxal hasts^hē ē]
Gire a la izquierda.	դեպի ձախ [depí dzax]
Gire a la derecha.	դեպի աջ [depí ač]

¿Cuánto le debo?   Որքա՞ն պետք է վճարեմ:
[vorkʰán petkʰ ē včarém?]

¿Me da un recibo, por favor?   Տվեք ինձ չեքը, խնդրում եմ:
[tvekʰ indz čēkʰə, χndrum em]

Quédese con el cambio.   Մանրը պետք չէ:
[mánrə petkʰ čē]

Espéreme, por favor.   Սպասեք ինձ, խնդրում եմ:
[spasékʰ indz, χndrum em]

cinco minutos   հինգ րոպե
[hing ropé]

diez minutos   տաս րոպե
[tas ropé]

quince minutos   տասնհինգ րոպե
[tasnhíng ropé]

veinte minutos   քսան րոպե
[kʰsan ropé]

media hora   կես ժամ
[kes ʒam]

Hotel

Hola.

Բարև Ձեզ:
[barév dzez]

Me llamo ...

Իմ անունը ... է:
[im anúnə ... ē]

Tengo una reserva.

Ես համար եմ ամրագրել:
[es hamár em amragrél]

Necesito ...

Ինձ հարկավոր է ...
[indz harkavór ē ...]

una habitación individual

մեկտեղանոց համար
[mekteganótsʰ hamár]

una habitación doble

երկտեղանոց համար
[erkteganótsʰ hamár]

¿Cuánto cuesta?

Որքա՞ն այն արժե?
[vorkʰán ajn arʒé?]

Es un poco caro.

Դա մի քիչ թանկ է:
[da mi kʰíč tʰank ē]

¿Tiene alguna más?

Ունե՞ք դրանից այլ տարբերակ:
[unékʰ vórevē ajl tarberák?]

Me quedo.

Ես դա կվերցնեմ:
[es da kvertsʰném]

Pagaré en efectivo.

Ես կանխիկ կվճարեմ:
[es kanxík kvčarém]

Tengo un problema.

Ես խնդիր ունեմ:
[es xndir uném]

Mi ... no funciona.

Իմ ... փչացել է:
[im ... pʰčatsʰél ē]

Mi ... está fuera de servicio.

Իմ ... չի աշխատում:
[im ... či ašxatúm]

televisión

հեռուստացույցը
[herustatsʰújtsʰə]

aire acondicionado

օդորակիչը
[odorakíčə]

grifo

ծորակը
[tsorákə]

---

ducha

ցնցուղը
[tsʰntsʰúġə]

lavabo

լվացարանը
[lvatsʰaránə]

caja fuerte

չհրկիզվող պահարանը
[čhrkizvóġ paharánə]

cerradura	կողպեքը [kogpékʰə]
enchufe	վարդակը [vardákə]
secador de pelo	ֆենը [fénə]

No tengo …	Ես … չունեմ: [es … čuném]
agua	ջուր [dʒur]
luz	լույս [lujs]
electricidad	հոսանք [hosankʰ]

¿Me puede dar …?	Կարո՞ղ եք ինձ տալ …: [karóǵ ekʰ indz tal …?]
una toalla	սրբիչ [srbič]
una sábana	ծածկոց [tsatskótsʰ]
unas chanclas	հողաթափեր [hogatʰapʰér]
un albornoz	խալաթ [χalátʰ]
un champú	շամպուն [šampún]
jabón	օճառ [očár]

Quisiera cambiar de habitación.	Ես կցանկանայի փոխել համարս: [es kʰsʰankanáji pʰoχél hamárs]
No puedo encontrar mi llave.	Ես չեմ կարողանում գտնել իմ բանալին: [es čem karoǵanúm gtnel im banalín]
Por favor abra mi habitación.	Խնդրում եմ, բացեք իմ համարը: [χndrum em batsʰékʰ im hamárə]
¿Quién es?	Ո՞վ է: [ov ē?]
¡Entre!	Մտե'ք: [mtekʰ!]
¡Un momento!	Մեկ րոպե': [mek ropé!]
Ahora no, por favor.	Խնդրում եմ, հիմա չէ: [χndrum em, hima čē]

Venga a mi habitación, por favor.	Խնդրում եմ, ինձ մոտ մտեք: [χndrum em, indz mot mtekʰ]
Quisiera hacer un pedido.	Ես ուզում եմ ունտելիք համար պատվիրել: [es uzúm em utelíkʰ hamár patvirél]

Mi número de habitación es ...	Իմ սենյակի համարը ... է: [im senjakí hamáre ... ě]
Me voy ...	Ես մեկնում եմ ... [es meknúm em ...]
Nos vamos ...	Մենք մեկնում ենք ... [menkʰ meknúm enkʰ ...]
Ahora mismo	հիմա [híma]
esta tarde	այսօր ճաշից հետո [ajsór čašítsʰ hetó]
esta noche	այսօր երեկոյան [ajsór erekóján]
mañana	վաղը [vágə]
mañana por la mañana	վաղն առավոտյան [vagn aravotján]
mañana por la noche	վաղը երեկոյան [vágə erekóján]
pasado mañana	վաղը չէ մյուս օրը [vágə čě mjus órə]

Quisiera pagar la cuenta.	Ես կուզենայի հաշիվը վճակել: [es kuzenáji hašívə pʰakél]
Todo ha estado estupendo.	Ամեն ինչ հոյակապ էր: [amén inč hojakáp ě]
¿Dónde puedo coger un taxi?	Որտեղ կարող եմ տաքսի վերցնել: [vortég karóg em takʰsí vertsʰnél?]
¿Puede llamarme un taxi, por favor?	Ինձ համար տաքսի կանչեք, խնդրում եմ: [indz hamár takʰsí kančékʰ, χndrum em]

Restaurante

¿Puedo ver el menú, por favor?	Կարո՞ղ եմ նայել ձեր ճաշացանկը։ [karóg em naél dzer čašatsʰánkə?]
Mesa para uno.	Սեղան մեկ հոգու համար։ [seğán mek hogú hamár]
Somos dos (tres, cuatro).	Մենք երկուսով (երեքով, չորսով) ենք։ [menkʰ erkusóv (erekʰóv, čorsóv) enkʰ]

Para fumadores	Ծխողների համար [tsχognerí hamár]
Para no fumadores	Չծխողների համար [čtsχognerí hamár]
¡Por favor! (llamar al camarero)	Մոտեցե՛ք խնդրեմ։ [motetsʰékʰ χndrém!]
la carta	Ճաշացանկ [čašatsʰánk]
la carta de vinos	Գինեբարտ [ginekʰárt]
La carta, por favor.	Ճաշացանկը, խնդրեմ։ [čašatsʰánkə, χndrém]

¿Está listo para pedir?	Պատրա՞ստ եք պատվիրել։ [patrást ekʰ patvirél?]
¿Qué quieren pedir?	Ի՞նչ եք պատվիրելու։ [inč ekʰ patvirelú?]
Yo quiero ...	Ես կվերցնեմ ... [es kvertsʰném ...]

Soy vegetariano.	Ես բուսակեր եմ։ [es busakér em]
carne	միս [mis]
pescado	ձուկ [dzuk]
verduras	բանջարեղեն [bandžaregén]
¿Tiene platos para vegetarianos?	Դուք ունե՞ք բուսակերական ճաշատեսակներ։ [dukʰ unékʰ busakerakán čašatesaknér?]

No como cerdo.	Ես խոզի միս չեմ ուտում։ [es χozí mis čem utúm]
Él /Ella/ no come carne.	Նա միս չի ուտում։ [na mis čí utúm]

Soy alérgico a ...

Ես ...իգ ալերգիա ունեմ:
[es ...itsʰ alergija uném]

¿Me puede traer ..., por favor?

Խնդրում եմ, ինձ ... բերեք:
[xndrum em, indz ... berékʰ]

sal | pimienta | azúcar

աղ | պղպեղ | շաքար
[ag | pġpeġ | šakʰár]

café | té | postre

սուրճ | թեյ | աղանդեր
[surč | tʰej | aġandér]

agua | con gas | sin gas

ջուր | գազավորված | չգազավորված
[dʒur | gazavorváts | čgazavorváts]

una cuchara | un tenedor | un cuchillo

գդալ | պատառաքաղ | դանակ
[gdal | patarakʰáġ | danák]

un plato | una servilleta

ափսե | անձեռոցիկ
[apʰsé | andzerotsʰík]

¡Buen provecho!

Բարի ախորժակ:
[barí axorʒák!]

Uno más, por favor.

Էլի բերեք, խնդրում եմ:
[éli berékʰ, xndrum ēm]

Estaba delicioso.

Շատ համեղ էր:
[šat haméġ ēr]

la cuenta | el cambio | la propina

հաշիվ | մանրադրամ | թեյավճար
[hašív | manradrám | tʰejavčár]

La cuenta, por favor.

Հաշիվը, խնդրում եմ:
[hašíve, xndrum em]

¿Puedo pagar con tarjeta?

Կարո՞ղ եմ վճարել քարտով:
[karóġ em včarél kʰartóv?]

Perdone, aquí hay un error.

Ներեցեք, այստեղ սխալ կա:
[neretsʰékʰ, ajstéġ sxal ka]

De Compras

¿Puedo ayudarle?	Կարո՞ղ եմ օգնել ձեզ: [karóg em ognél dzez?]
¿Tiene …?	Դուք ունե՞ք …: [dukʰ unékʰ …?]
Busco …	Ես փնտրում եմ … [es pʰntrum em …]
Necesito …	Ինձ պետք է … [indz petkʰ ē …]

Sólo estoy mirando.	Ես ուղղակի նայում եմ: [es uġġaki najúm em]
Sólo estamos mirando.	Մենք ուղղակի նայում ենք: [menkʰ uġġaki najúm enkʰ]
Volveré más tarde.	Ես ավելի ուշ կայցելեմ: [es avelí uš kajtsʰelém]
Volveremos más tarde.	Մենք ավելի ուշ կայցելենք: [menkʰ avelí uš kajtsʰelénk]
descuentos | oferta	զեղչեր | հսպառ վաճարք [zegčér | ispár vačárkʰ]

Por favor, enséñeme …	Ցույց տվեք ինձ, խնդրում եմ … [tsʰujtsʰ tvekʰ indz, χndrum em …]
¿Me puede dar …, por favor?	Տվեք ինձ, խնդրում եմ … [tvekʰ indz, χndrum em…]
¿Puedo probarmelo?	Կարո՞ղ եմ ես սա փորձել? [karóg em es sa pʰordzél?]
Perdone, ¿dónde están los probadores?	Ներեցեք, որտե՞ղ է հանդերձարանը: [neretsʰékʰ, vortég ē handerdzaráne?]
¿Qué color le gustaría?	Ի՞նչ գույն եք ուզում: [inč gujn ekʰ uzum?]
la talla | el largo	չափս | հասակ [čapʰs | hasák]
¿Cómo le queda? (¿Está bien?)	Եղա՞վ: [egáv?]

¿Cuánto cuesta esto?	Սա ինչքա՞ն արժե: [sa inčkʰán aržé?]
Es muy caro.	Դա չափազանց թանկ է: [da čapʰazántsʰ tʰank ē]
Me lo llevo.	Ես կվերցնեմ սա: [es kvertsʰném sa]
Perdone, ¿dónde está la caja?	Ներեցեք, որտե՞ղ է դրամարկղը: [neretsʰékʰ, vortég ē dramárkġe?]

¿Pagará en efectivo o con tarjeta?

Ինչպե՞ս եք վճարելու:
Կանխիկ կ թե քարտով:
[inčpés ekʰ včarelú?
kanχík tʰe kʰartóv?]

en efectivo | con tarjeta

կանխիկ | քարտով
[kanχík | kʰartóv]

¿Quiere el recibo?

Ձեզ չեկն անհրաժե՞շտ է:
[dzez čekʰn anhraʒéšt ē?]

Sí, por favor.

Այո, խնդրում եմ:
[ajó, χndrum em]

No, gracias.

Ոչ, պետք չէ. Շնորհակալություն:
[voč, petkʰ čē. šnorhakalutʰjún]

Gracias. ¡Que tenga un buen día!

Շնորհակալություն: Յաջողություն:
[šnorhakalutʰjún tsʰtesutʰjún!]

En la ciudad

Perdone, por favor.
Ներեցեք խնդրեմ ...
[nereťsʰékʰ, χndrem ...]

Busco ...
Ես փնտրում եմ ...
[es pʰntrum em ...]

el metro
մետրո
[metró]

mi hotel
իմ հյուրանոցը
[im hjuranótsʰə]

el cine
կինոթատրոն
[kinotʰatrón]

una parada de taxis
տաքսիների կայան
[takʰsinerí kaján]

un cajero automático
բանկոմատ
[bankomát]

una oficina de cambio
արժույթի փոխանակման կետ
[arʒujtʰí pʰoχanakmán ket]

un cibercafé
ինտերնետ-սրճարան
[internét-srčarán]

la calle ...
... փողոցը
[... pʰogótsʰə]

este lugar
այս տեղը
[ajs tégə]

¿Sabe usted dónde está ...?
Դուք գիտե՞ք որտեղ է գտնվում ...:
[dukʰ gitékʰ vortég ē gtnvum ...?]

¿Cómo se llama esta calle?
Ինչպե՞ս է կոչվում այս փողոցը:
[inčpés ē kočvúm ajs pʰogótsʰə?]

Muestreme dónde estamos ahora.
Ցույց տվեք որտեղ ենք մենք հիմա:
[tsʰujtsʰ tvekʰ vortég enkʰ menkʰ himá]

¿Puedo llegar a pie?
Ես կհասնե՞մ այնտեղ ոտքով:
[es kʰasném ajntég votkʰóv?]

¿Tiene un mapa de la ciudad?
Դուք ունե՞ք քաղաքի քարտեզը:
[dukʰ unékʰ kʰagakí kʰartézə?]

¿Cuánto cuesta la entrada?
Որքան արժե մուտքի տոմսը:
[vorkán arʒé mutkʰí tómsə]

¿Se pueden hacer fotos aquí?
Այստեղ կարելի՞ է լուսանկարել:
[ajstég karelí ē lusankarél?]

¿Está abierto?
Դուք բա՞ց եք:
[dukʰ batsʰ ekʰ?]

¿A qué hora abren?

Ժամը քանիսի՞ն եք դուք բացվում:
[ʒámə kʰanisín ek duk batsʰvúm?]

¿A qué hora cierran?

Մինչև ո՞ր ժամն եք աշխատում:
[minčév vor ʒámn ekʰ ašχatúm?]

Dinero

dinero	փող [pʰoġ]
efectivo	կանխիկ դրամ [kanχík dram]
billetes	թղթադրամ [tʰġtʰadrám]
monedas	մանրադրամ [manradrám]
la cuenta | el cambio | la propina	հաշիվ | մանր | թեյավճար [hašív | manr | tʰejavčár]
la tarjeta de crédito	կրեդիտ քարտ [kredít kʰart]
la cartera	դրամապանակ [dramapanák]
comprar	գնել [gnel]
pagar	վճարել [včarél]
la multa	տուգանք [tugánkʰ]
gratis	անվճար [anvčár]
¿Dónde puedo comprar ...?	Որտե՞ղ կարող եմ գնել ...: [vórteġ karóġ em gnel ...?]
¿Está el banco abierto ahora?	Բանկը հիմա բա՞ց է: [bánkə hímá batsʰ é?]
¿A qué hora abre?	Ժամը քանիսի՞ն է այն բացվում: [ʒámə kʰanisín é ajn batsʰvúm?]
¿A qué hora cierra?	Մինչև ո՞ր ժամն է այն աշխատում: [minčév vor ʒamn é ajn ašχatúm?]
¿Cuánto cuesta?	Ինչքա՞ն: [inčkʰán?]
¿Cuánto cuesta esto?	Սա ինչքա՞ն արժե: [sa inčkʰán arʒé?]
Es muy caro.	Դա չափազանց թանկ է: [da čapʰazántsʰ tʰank é]
Perdone, ¿dónde está la caja?	Ներեցեք, որտե՞ղ է դրամարկղը: [neretsʰékʰ, vortéġ é dramárkgə?]
La cuenta, por favor.	Հաշիվը, խնդրում եմ: [hašívə, χndrum em]

¿Puedo pagar con tarjeta?	Կարո՞ղ եմ վճարել քարտով: [karóg em včaré kʰartóv?]
¿Hay un cajero por aquí?	Այստեղ բանկոմատ կա՞: [ajstég bankomát ka?]
Busco un cajero automático.	Ինձ բանկոմատ է հարկավոր: [indz bankomát e harkavór]
Busco una oficina de cambio.	Ես փնտրում եմ փոխանակման կետ: [es pʰntrum em pʰoχanakmán ket]
Quisiera cambiar ...	Ես ուզում եմ փոխանակել ... [es uzúm em pʰoχanakél ...]
¿Cuál es el tipo de cambio?	Ասացեք, խնդրեմ, փոխարժեքը: [asatsʰékʰ, χndrém, pʰoχarʒékʰə?]
¿Necesita mi pasaporte?	Ձեզ պե՞տք է իմ անձնագիրը: [dzez petkʰ e im andznagírə?]

Tiempo

¿Qué hora es?	Ժամը քանի՞սն է: [ʒámə kʰanîsn ē?]
¿Cuándo?	Ե՞րբ: [erb?]
¿A qué hora?	Ժամը քանիսի՞ն: [ʒámə kʰanisín?]
ahora | luego | después de …	հիմա | ավելի ուշ | …ից հետո [híma | aveli uš | …itsʰ hetó]
la una	ցերեկվա ժամը մեկը [tsʰerekvá ʒámə mékə]
la una y cuarto	մեկն անց տասնհինգ րոպե [mékn antsʰ tasnhíng ropé]
la una y medio	մեկն անց կես [mékn antsʰ kes]
las dos menos cuarto	երկուսին տասնհինգ պակաս [erkusín tasnhíng pakás]
una | dos | tres	մեկ | երկու | երեք [mek | erkú | erékʰ]
cuatro | cinco | seis	չորս | հինգ | վեց [čors | hing | vetsʰ]
siete | ocho | nueve	յոթ | ութ | ինը [jotʰ | utʰ | ínə]
diez | once | doce	տաս | տասնմեկ | տասներկու [tas | tasnəmék | tasnerkú]
en …	…ից […itsʰ]
cinco minutos	հինգ րոպե [hing ropé]
diez minutos	տաս րոպե [tas ropé]
quince minutos	տասնհինգ րոպե [tasnhíng ropé]
veinte minutos	քսան րոպե [kʰsan ropé]
media hora	կես ժամ [kes ʒam]
una hora	մեկ ժամ [mek ʒam]
por la mañana	առավոտյան [aravotján]

por la mañana temprano	վաղ առավոտյան [vaġ aravotján]
esta mañana	այսօր առավոտյան [ajsór aravotján]
mañana por la mañana	վաղն առավոտյան [vaġn aravotján]

al mediodía	ճաշին [čašin]
por la tarde	ճաշից հետո [čašitsʰ hetó]
por la noche	երեկոյան [erekoján]
esta noche	այսօր երեկոյան [ajsór erekoján]

por la noche	գիշերը [gišérə]
ayer	երեկ [erék]
hoy	այսօր [ajsór]
mañana	վաղը [vágə]
pasado mañana	վաղը չէ մյուս օրը [vágə čē mjus órə]

¿Qué día es hoy?	Շաբաթվա ի՞նչ օր է այսօր: [šabatʰvá inč or ē ajsór?]
Es ...	Այսօր ... է: [ajsór ... ē]
lunes	երկուշաբթի [erkušabtʰí]
martes	երեքշաբթի [erekʰšabtʰí]
miércoles	չորեքշաբթի [čorekʰšabtʰí]

jueves	հինգշաբթի [hingšabtʰí]
viernes	ուրբաթ [urbátʰ]
sábado	շաբաթ [šabátʰ]
domingo	կիրակի [kirakí]

Saludos. Presentaciones.

Hola.	Բարև Ձեզ: [barév dzez]
Encantado /Encantada/ de conocerle.	Ուրախ եմ Ձեզ հետ ծանոթանալու: [uráχ em dzez het tsanotʰanalú]
Yo también.	Նմանապես: [nmanapés]
Le presento a …	Ծանոթացեք: Սա ... է: [tsanotʰatsʰékʰ. sa … ē]
Encantado.	Շատ հաճելի է: [šat hačelí ē]

¿Cómo está?	Ինչպե՞ս եք: Ինչպե՞ս են ձեր գործերը: [inčpés ekʰ? inčpés en dzer gortséra?]
Me llamo …	Իմ անունը ... է: [im anúnə … ē]
Se llama …	Նրա անունը ... է: [nra anúnə … ē]
Se llama …	Նրա անունը ... է: [nra anúnə … ē]
¿Cómo se llama (usted)?	Ձեր անունն ի՞նչ է: [dzer anúnn inč ē?]
¿Cómo se llama (él)?	Ի՞նչ է նրա անունը: [inč ē nra anúnə?]
¿Cómo se llama (ella)?	Ի՞նչ է նրա անունը: [ínč ē nra anúnə?]

¿Cuál es su apellido?	Ի՞նչ է Ձեր ազգանունը: [inč ē dzer azganúnə?]
Puede llamarme …	Ասացեք ինձ ... [asatsʰékʰ indz …]
¿De dónde es usted?	Որտեղի՞ց եք դուք: [vortegítsʰ ekʰ dukʰ?]
Yo soy de ….	Ես ...ից եմ: [es …itsʰ em]
¿A qué se dedica?	Որտե՞ղ եք աշխատում: [vortég ekʰ ašχatúm?]
¿Quién es?	Ո՞վ է սա: [ov ē sa?]
¿Quién es él?	Ո՞վ է նա: [ov ē na?]
¿Quién es ella?	Ո՞վ է նա: [ov ē na?]
¿Quiénes son?	Ո՞վ են նրանք: [ov en nrankʰ?]

Este es ...	**Սա ...ն է:** [sa ...n ē]
mi amigo	**իմ ընկեր** [im ənkér]
mi amiga	**իմ ընկերուհի** [im ənkeruhí]
mi marido	**իմ ամուսին** [im amusín]
mi mujer	**իմ կին** [im kin]
mi padre	**իմ հայր** [im hajr]
mi madre	**իմ մայր** [im majr]
mi hermano	**իմ եղբայր** [im egbájr]
mi hermana	**իմ քույր** [im kʰujr]
mi hijo	**իմ որդի** [im vordí]
mi hija	**իմ դուստր** [im dustr]
Este es nuestro hijo.	**Սա մեր որդին է:** [sa mer vordín ē]
Esta es nuestra hija.	**Սա մեր դուստրն է:** [sa mer dustrn ē]
Estos son mis hijos.	**Սրանք իմ երեխաներն են:** [srankʰ im ereχanérn en]
Estos son nuestros hijos.	**Սրանք մեր երեխաներն են:** [srankʰ mer ereχanérn en]

Despedidas

¡Adiós!	Ցտեսություն: [ts^htesut^hjún!]
¡Chau!	Հաջող: [hadžóg!]
Hasta mañana.	Մինչ վաղը: [minč vágə]
Hasta pronto.	Մինչ հանդիպում: [minč handipúm]
Te veo a las siete.	Կհանդիպենք ժամը յոթին: [khandipénk^h žámə jót^hín]

¡Que se diviertan!	Զվարճացե'ք: [zvarčats^hék^h!]
Hablamos más tarde.	Հետո կխոսենք: [hetó kχosénk^h]
Que tengas un buen fin de semana.	Հաջող հանգստյան օրեր եմ ցանկանում: [hadžóg hangstján orér em ts^hankanúm]
Buenas noches.	Բարի գիշեր: [barí gišér]

Es hora de irme.	Գնալու ժամանակն է: [gnalús žamanákn é]
Tengo que irme.	Ես պետք է գնամ: [es petk^h é gnam]
Ahora vuelvo.	Ես հիմա կվերադառնամ: [es himá kveradarnám]

Es tarde.	Արդեն ուշ է: [ardén uš é]
Tengo que levantarme temprano.	Ես պետք է վաղ արթնանամ: [es petk^h é vağ art^hnanám]
Me voy mañana.	Ես վաղը մեկնում եմ: [es vágə meknúm em]
Nos vamos mañana.	Մենք վաղը մեկնում ենք: [menk^h vágə meknúm enk^h]

¡Que tenga un buen viaje!	Բարի ճանապարհ: [barí čanapárh!]
Ha sido un placer.	Հաճելի էր ձեզ հետ ծանոթանալ: [hačelí ér dzez hét ts^hanot^hanál]
Fue un placer hablar con usted.	Հաճելի էր ձեզ հետ շփվել: [hačelí ér dzez hét šp^hvel]
Gracias por todo.	Շնորհակալություն ամեն ինչի համար: [šnorhakalut^hjún amén inčí hamár]

Lo he pasado muy bien.

Ես հրաշալի անցկացրի ժամանակը:
[es hojakáp antsʰkatsʰretsʰí ʒamanáke]

Lo pasamos muy bien.

Մենք հրաշալի անցկացրեցինք
ժամանակը:
[menkʰ hojakáp antsʰkatsʰretsʰínkʰ
ʒamanáke]

Fue genial.

Ամեն ինչ հրաշալի էր:
[amén inč hojakáp ér]

Le voy a echar de menos.

Ես կկարոտեմ:
[es kəkarotém]

Le vamos a echar de menos.

Մենք կկարոտենք:
[menkʰ kəkaroténkʰ]

¡Suerte!

Հաջողություն! Մնաք բարո՛վ:
[hadʒoġutʰjún! mnakʰ baróv!]

Saludos a …

Բարևեք …ին:
[barevékʰ …in]

Idioma extranjero

No entiendo.

Ես չեմ հասկանում։
[es čem haskanúm]

Escríbalo, por favor.

Խնդրում եմ, գրեք դա։
[xndrum em, grek^h da]

¿Habla usted ...?

Դուք գիտե՞ք ...:
[duk^h giték^h ...?]

Hablo un poco de ...

Ես գիտեմ մի քիչ ...
[es gitém mi k^hič ...]

inglés

անգլերեն
[anglerén]

turco

թուրքերեն
[t^hurk^herén]

árabe

արաբերեն
[araberén]

francés

ֆրանսերեն
[franserén]

alemán

գերմաներեն
[germanerén]

italiano

իտալերեն
[italerén]

español

իսպաներեն
[ispanerén]

portugués

պորտուգալերեն
[portugalerén]

chino

չիներեն
[činerén]

japonés

ճապոներեն
[čaponerén]

¿Puede repetirlo, por favor?

Կրկնեք, խնդրեմ։
[krknek^h, xndrem]

Lo entiendo.

Ես հասկանում եմ։
[es haskanúm em]

No entiendo.

Ես չեմ հասկանում։
[es čem haskanúm]

Hable más despacio, por favor.

Խոսեք դանդաղ, խնդրում եմ։
[xosék^h dandág, xndrum em]

¿Está bien?

Սա ճի՞շտ է։
[sa čišt ē?]

¿Qué es esto? (¿Que significa esto?)

Ի՞նչ է սա։
[inč ē sa?]

Disculpas

Perdone, por favor.

Ներեցեք, խնդրեմ։
[neretsʰékʰ, χndrem]

Lo siento.

Ցավում եմ։
[tsʰavúm em]

Lo siento mucho.

Շատ ափսոս։
[šat apʰsós]

Perdón, fue culpa mía.

Իմ մեղավորությունն է։
[im meġavorutʰjúnn ē]

Culpa mía.

Իմ սխալն է։
[im sχaln ē]

¿Puedo ...?

Ես կարո՞ղ եմ ...:
[es karóġ em ...?]

¿Le molesta si ...?

Դեմ չե՞ք լինի, եթե ես ...:
[dem čekʰ lini, etʰé es ...?]

¡No hay problema! (No pasa nada.)

Սարսափելի ոչինչ չկա։
[sarsapʰelí vočínč čka]

Todo está bien.

Ամեն ինչ կարգին է։
[amén inč kargín ē]

No se preocupe.

Մի անհանգստացեք։
[mi anhangstatsʰékʰ]

Acuerdos

Sí.	Այո: [ajó]
Sí, claro.	Այո, իհարկե: [ajó, ihárke]
Bien.	Լա՛վ [lav!]
Muy bien.	Շատ լավ: [šat lav]
¡Claro que sí!	Իհա՛րկե: [ihárke!]
Estoy de acuerdo.	Ես համաձայն եմ: [es hamadzájn em]

Es verdad.	Ճիշտ է: [čišt ē]
Es correcto.	Ճիշտ է: [čišt ē]
Tiene razón.	Դուք իրավացի եք: [dukʰ iravatsʰí ekʰ]
No me molesta.	Ես չեմ առարկում: [es čem ararkúm]
Es completamente cierto.	Բացարձակ ճիշտ է: [batsʰardzák čišt ē]

Es posible.	Հնարավոր է: [hnaravór ē]
Es una buena idea.	Լավ միտք է: [lav mitkʰ ē]
No puedo decir que no.	Չեմ կարող մերժել: [čem karóg merʒél]
Estaré encantado /encantada/.	Ուրախ կլինեմ: [uráx kliném]
Será un placer.	Հաճույքով: [hačujkʰóv]

Rechazo. Expresar duda

No.
Ոչ:
[voč]

Claro que no.
Իհարկե, ոչ:
[ihárke, voč]

No estoy de acuerdo.
Ես համաձայն չեմ:
[es hamadzájn em]

No lo creo.
Ես այդպես չեմ կարծում:
[es ajdpes čem karisúm]

No es verdad.
Սուտ է:
[sut ē]

No tiene razón.
Դուք իրավացի չեք:
[dukʰ iravatsʰí čekʰ]

Creo que no tiene razón.
Կարծում եմ՝ իրավացի չեք:
[karisúm em, iravatsʰí čekʰ]

No estoy seguro /segura/.
Համոզված չեմ:
[hamozváts čem]

No es posible.
Անհնար է:
[anhnár ē]

¡Nada de eso!
Ո՛չ մի նման բան:
[voč mi nman ban!]

Justo lo contrario.
Հակառակը:
[hakárákə]

Estoy en contra de ello.
Ես դեմ եմ:
[es dem em]

No me importa. (Me da igual.)
Ինձ միեվնույն է:
[indz mievnújn ē]

No tengo ni idea.
Գաղափար չունեմ:
[gaġapʰár čuném]

Dudo que sea así.
Կասկածում եմ, որ այդպես է:
[kaskatsúm ēm, vor ajdpes ē]

Lo siento, no puedo.
Ներեցեք, չեմ կարող:
[nerersʰékʰ, čem karóġ]

Lo siento, no quiero.
Ներեցեք, չեմ ուզում:
[nerersʰékʰ, čem uzúm]

Gracias, pero no lo necesito.
Շնորհակալություն, ինձ պետք չէ:
[šnorhakalutʰjún, indz petkʰ čē]

Ya es tarde.
Արդեն ուշ է:
[ardén uš ē]

Tengo que levantarme temprano.

Ես պետք է վաղ արթնանամ։
[es petkʰ ē vaġ artʰnanám]

Me encuentro mal.

Ես ինձ վատ եմ զգում։
[es indz vat em zgum]

Expresar gratitud

Gracias.	Շնորհակալություն: [šnorhakaluthjún]
Muchas gracias.	Շատ շնորհակալ եմ: [šat šnorhakál em]
De verdad lo aprecio.	Շատ շնորհակալ եմ: [šat šnorhakál em]
Se lo agradezco.	Շնորհակալ եմ: [šnorhakál em]
Se lo agradecemos.	Շնորհակալ ենք: [šnorhakál enkh]
Gracias por su tiempo.	Շնորհակալություն, որ ծախսեցիք ձեր ժամանակը: [šnorhakaluthjún, vor tsaχsetshíkh dzer ӡamanákǝ]
Gracias por todo.	Շնորհակալություն ամեն ինչի համար: [šnorhakaluthjún amén inčí hamár]
Gracias por ...	Շնորհակալություն ... համար: [šnorhakaluthjún ... hamár]
su ayuda	ձեր օգնության [dzer ognuthján]
tan agradable momento	լավ ժամանցի [lav ӡamantshí]
una comida estupenda	հոյակապ ուտեստների [hojakáp utestnerí]
una velada tan agradable	հաճելի երեկոյի [hačelí erekojí]
un día maravilloso	հիանալի օրվա [hianalí orvá]
un viaje increíble	հետաքրքիր էքսկուրսիայի [hetakhrkír ékhskursiají]
No hay de qué.	Չարժե: [čarӡé]
De nada.	Չարժե: [čarӡé]
Siempre a su disposición.	Միշտ խնդրեմ: [mišt χndrém]
Encantado /Encantada/ de ayudarle.	Ուրախ եմ օգնելու: [uràχ ei ognelú]

No hay de qué.   **Առաջեք:**
[morats^{h}ék^h]

No tiene importancia.   **Մի անհանգստացեք:**
[mi anhangstats^{h}ék^h]

Felicitaciones , Mejores Deseos

¡Felicidades!	Շնորհավորում եմ: [šnorhavorúm em!]
¡Feliz Cumpleaños!	Շնորհավո՛ր ծննդյան օրը: [šnorhavór tsnendzján óre!]
¡Feliz Navidad!	Շնորհավո՛ր Սուրբ ծնունդը: [šnorhavór surb tsnund!]
¡Feliz Año Nuevo!	Շնորհավո՛ր Ամանոր: [šnorhavór amanór!]

¡Felices Pascuas!	Շնորհավո՛ր Զատիկ: [šnorhavór zatík!]
¡Feliz Hanukkah!	Ուրա՛խ Հանուկա: [uráχ hánuka!]

Quiero brindar.	Ես կենաց ունեմ: [es kenátsʰ uném]
¡Salud!	Ձեր առողջության կենա՛ցը: [dzer aroǵdʒutʰján kenátsʰə!]
¡Brindemos por ...!	Խմե՛նք ... համար: [χmenkʰ ... hamár!]
¡A nuestro éxito!	Մեր հաջողության կենա՛ցը: [mer hadʒoǵutʰján kenátsʰə!]
¡A su éxito!	Ձեր հաջողության կենա՛ցը: [dzer hadʒoǵutʰján kenátsʰə!]

¡Suerte!	Հաջողությու՛ն: [hadʒoǵutʰjún!]
¡Que tenga un buen día!	Հաճելի՛ օ՛ր եմ ցանկանում: [hačelí or em tsʰankanúm!]
¡Que tenga unas buenas vacaciones!	Հաճելի՛ հանգի՛ստ եմ ցանկանում: [hačelí hangíst em tsʰankanúm!]
¡Que tenga un buen viaje!	Բարի՛ ճանապարհ: [barí čanapárh!]
¡Espero que se recupere pronto!	Շուտ ապաքինում եմ ցանկանում: [šut apakʰinúm em tsʰankanúm!]

Socializarse

¿Por qué está triste?	Ինչո՞ւ եք տխրել: [inčú ekʰ txrel?]
¡Sonría! ¡Animese!	Ժպտացե՛ք: [ʒptatsʰékʰ!]
¿Está libre esta noche?	Դուք զբաղվա՞ծ եք այսոր երեկոյան: [dukʰ zbaġváts ekʰ ajsór erekoján?]
¿Puedo ofrecerle algo de beber?	Կարո՞ղ եմ առաջարկել ձեզ որևէ ըմպելիք: [karóg ém aradʒarkél dzez vorevé əmpelíkʰ?]
¿Querría bailar conmigo?	Չե՞ք ցանկանա պարել: [čekʰ tsʰankaná parél?]
Vamos a ir al cine.	Գնա՞ք երբ կինոթատրոն: [gnankʰ kinotʰatrón?]
¿Puedo invitarle a …?	Կարո՞ղ եմ հրավիրել ձեզ …: [karóg em hravirél dzez …?]
un restaurante	ռեստորան [restorán]
el cine	կինոթատրոն [kinotʰatrón]
el teatro	թատրոն [tʰatrón]
dar una vuelta	զբոսանքի [zbosankʰí]
¿A qué hora?	Ժամը քանիսի՞ն: [ʒámə kʰanisín?]
esta noche	այսոր երեկոյան [ajsór erekoján]
a las seis	ժամը վեցին [ʒámə vetsʰín]
a las siete	ժամը յոթին [ʒámə jotʰín]
a las ocho	ժամը ութին [ʒámə utʰín]
a las nueve	ժամը իննին [ʒámə innín]
¿Le gusta este lugar?	Ձեզ այստեղ դո՞ւր է գալիս: [dzez ajstég dur é galís?]
¿Está aquí con alguien?	Դուք այստեղ ինչ-որ մեկի հե՞տ եք: [dukʰ ajstég inč-vor mekí het ekʰ]

Estoy con mi amigo /amiga/.	Ես ընկերոջս /ընկերուհիս/ հետ եմ:
	[es ənkeródʒs /ənkeruhús/ het em]
Estoy con amigos.	Ես ընկերներիս հետ եմ:
	[es ənkerneris het em]
No, estoy solo /sola/.	Ես մենակ եմ:
	[es menák em]

¿Tienes novio?	Դու ընկեր ունե՞ս:
	[du ənkér unés?]
Tengo novio.	Ես ընկեր ունեմ:
	[es ənkér uném]
¿Tienes novia?	Դու ընկերուհի ունե՞ս:
	[du ənkeruhí unés?]
Tengo novia.	Ես ընկերուհի ունեմ:
	[es ənkeruhí uném]

¿Te puedo volver a ver?	Մենք դեռ կհանդիպե՞նք:
	[menkʰ der khandipénkʰ?]
¿Te puedo llamar?	Կարո՞ղ եմ քեզ զանգահարել:
	[karóg em kʰez zangaharél?]
Llámame.	Կզանգես:
	[kzangés]
¿Cuál es tu número?	Ո՞նց է համարդ
	[vonʦʰ ē hamárt?]
Te echo de menos.	Ես կարոտում եմ քեզ:
	[es karotúm em kʰez]

¡Qué nombre tan bonito!	Դուք շատ գեղեցիկ անուն ունեք:
	[dukʰ šat gegeʦʰik anún unékʰ]
Te quiero.	Ես սիրում եմ քեզ:
	[es sirúm em kʰez]
¿Te casarías conmigo?	Արի՛ ամուսնանանք:
	[arí amusnanánkʰ]
¡Está de broma!	Դուք կատակում ե՛ք:
	[dukʰ katakúm ekʰ]
Sólo estoy bromeando.	Ես ուղղակի կատակում եմ:
	[es uġġakí katakúm em]

¿En serio?	Դուք լո՞ւրջ եք ասում:
	[dukʰ lúrdʒ ekʰ asúm?]
Lo digo en serio.	Ես լուրջ եմ ասում:
	[es lurdʒ em asúm]
¿De verdad?	Իրո՞ք:
	[irókʰ?!]
¡Es increíble!	Դա անհավանական է:
	[da anhavanakán ē!]
No le creo.	Ես ձեզ չեմ հավատում:
	[es dzez čem havatúm]
No puedo.	Ես չեմ կարող:
	[es čem karóg]
No lo sé.	Ես չգիտեմ:
	[es čgitém]

No le entiendo.

Ես ձեզ չեմ հասկանում:
[es dzez čem haskanúm]

Váyase, por favor.

Հեռացեք, խնդրում եմ:
[hérats^hek^h, xndrum em]

¡Déjeme en paz!

Ինձ հանգի́ստ թողեք:
[indz hangíst t^hogék^h]

Es inaguantable.

Ես նրան տանել չեմ կարողանում:
[es nran tanél čem karoganúm]

¡Es un asqueroso!

Դուք զզվելի́ եք:
[duk^h zezvelí ek^h]

¡Llamaré a la policía!

Ես ոստիկանություն կկանչեմ:
[es vostikanut^hjún kəkančém!]

Compartir impresiones. Emociones

Me gusta.	Ինձ դա դուր է գալիս: [indz da dur ē galís]
Muy lindo.	Հաճելի է: [hačelí ē]
¡Es genial!	Հրաշալի' է!: [hrašalí ē!]
No está mal.	Վատ չէ: [vat čē]

No me gusta.	Սա ինձ դուր է գալիս: [sa indz dur ē galís]
No está bien.	Դա լավ չէ: [da lav čē]
Está mal.	Դա վատ է: [da vat ē]
Está muy mal.	Դա շատ վատ է: [da šat vat ē]
¡Qué asco!	Զզվելի է: [zəzvelí ē]

Estoy feliz.	Ես երջանիկ եմ: [es erdžaník em]
Estoy contento /contenta/.	Ես գոհ եմ: [es goh em]
Estoy enamorado /enamorada/.	Ես սիրահարվել եմ: [es siraharvél em]
Estoy tranquilo.	Ես հանգիստ եմ: [es hangíst em]
Estoy aburrido.	Ես ձանձրանում եմ: [es dzandzranúm em]

Estoy cansado /cansada/.	Ես հոգնել եմ: [es hognél em]
Estoy triste.	Ես տխուր եմ: [es txur em]
Estoy asustado.	Ես վախեցած եմ: [es vaxetsʰáts em]
Estoy enfadado /enfadada/.	Ես զայրանում եմ: [es zajranúm em]

Estoy preocupado /preocupada/.	Ես անհանգստանում եմ: [es anhangstanúm em]
Estoy nervioso /nerviosa/.	Ես ջղայնանում եմ: [es džǧajnanúm em]

Estoy celoso /celosa/.

Ես նախանձում եմ։
[es naxandzúm em]

Estoy sorprendido /sorprendida/.

Ես զարմացած եմ։
[es zarmatsʰáts em]

Estoy perplejo /perpleja/.

Ես շփոթված եմ։
[es špʰotʰváts em]

Problemas, Accidentes

Tengo un problema.	Ես խնդիր ունեմ: [es χndír uném]
Tenemos un problema.	Մենք խնդիրներ ունենք: [menkʰ χndírner unénkʰ]
Estoy perdido /perdida/.	Ես մոլորվել եմ: [es molorvél em]
Perdí el último autobús (tren).	Ես ուշացել եմ վերջին ավտոբուսից (գնացքից): [es ušatsʰél em avtobusítsʰ (gnatsʰkʰítsʰ)]
No me queda más dinero.	Ինձ մոտ դրամ ընդհանրապես չի մնացել: [indz mot drám əndhanrapés čí mnatsʰél]

He perdido …	Ես կորցրել եմ … [es kortsʰrél em …]
Me han robado …	Ինձ մոտից գողացել են … [indz motítsʰ gogatsʰél en …]
mi pasaporte	անձնագիրը [andznagírə]
mi cartera	դրամապանակը [dramapanákə]
mis papeles	փաստաթղթերը [pʰastatʰgtʰérə]
mi billete	տոմսը [tómsə]
mi dinero	փողը [pʰógə]
mi bolso	պայուսակը [pajusákə]
mi cámara	ֆոտոապարատը [fotoaparátə]
mi portátil	նոութբուքը [noutʰbúkʰə]
mi tableta	պլանշետը [planšétə]
mi teléfono	հեռախոսը [heraχósə]

¡Ayúdeme!	Oգնեցե՛ք: [ognetsʰékʰ!]
¿Qué pasó?	Ի՞նչ է պատահել: [inč é patahél?]

el incendio	հրդեհ [hrdeh]
un tiroteo	կրակոց [krakótsʰ]
el asesinato	սպանություն [spanutʰjún]
una explosión	պայթյուն [pajtʰjún]
una pelea	կռիվ [kriv]

¡Llame a la policía!	Ոստիկանություն'ն կանչեք: [vostikanutʰjún kančékʰ!]
¡Más rápido, por favor!	Արագացրե'ք, խնդրում եմ: [aragatsʰrékʰ χndrum em!]
Busco la comisaría.	Ես փնտրում եմ ոստիկանության բաժին [es pʰntrum em vostikanutʰján baʒín]
Tengo que hacer una llamada.	Ինձ պետք է զանգահարել: [indz petkʰ ē zangaharél]
¿Puedo usar su teléfono?	Կարո՞ղ եմ զանգահարել: [karóg em zangaharél?]

Me han …	Ինձ … [indz …]
asaltado /asaltada/	կողոպտել են [kogoptél en]
robado /robada/	թալանել են [tʰalanél en]
violada	բռնաբարել են [brnabarél en]
atacado /atacada/	ծեծել են [tsetsél en]

¿Se encuentra bien?	Ձեզ հետ ամեն ինչ կարգի՞ն է: [dzez hēt amén inč kargín ē?]
¿Ha visto quien a sido?	Դուք տեսե՞լ եք, ով էր նա: [dukʰ tesél ékʰ ov ēr na?]
¿Sería capaz de reconocer a la persona?	Կարո՞ղ եք նրան ճանաչել: [karóg ékʰ nran čanačél?]
¿Está usted seguro?	Համոզվա՞ծ եք: [hamozváts ékʰ?]

Por favor, cálmese.	Խնդրում եմ, հանգստացեք: [χndrum em, hangstatsʰékʰ]
¡Cálmese!	Հանգի'ստ: [hangíst!]
¡No se preocupe!	Մի անհանգստացեք: [mi anhangstatsʰékʰ]
Todo irá bien.	Ամեն ինչ լավ կլինի: [amén inč lav klíní]
Todo está bien.	Ամեն ինչ կարգին է: [amén inč kargín ē]

Venga aquí, por favor.

Մոտեցեք, խնդրեմ:
[motets^hék^h, χndrem]

Tengo unas preguntas para usted.

Ես ձեզ մի քանի հարց ունեմ տալու:
[es dzez mi k^haní harts^h uném talú]

Espere un momento, por favor.

Սպասեք, խնդրեմ:
[spasék^h, χndrem]

¿Tiene un documento de identidad?

Դուք փաստաթղթեր ունե՞ք:
[duk^h p^hastat^hġt^her unék^h?]

Gracias. Puede irse ahora.

Շնորհակալություն:
Դուք կարող եք գնալ:
[šnorhakalut^hjún.
duk^h karóġ ek^h gnal]

¡Manos detrás de la cabeza!

Ձերքերը գլխի հետև՛:
[dzerk^hérə glχi hetév]

¡Está arrestado!

Դուք ձերբակալվա՛ծ եք:
[duk^h dzerbakalváts ek^h]

65

Problemas de salud

Ayudeme, por favor.   Oգնեցեք, խնդրում եմ:
[ognets^hék^h, xndrum em]

No me encuentro bien.   Ես ինձ վատ եմ զգում:
[es indz vat em zgum]

Mi marido no se encuentra bien.   Իմ ամուսինն իրեն վատ է զգում:
[im amusínn irén vat é zgum]

Mi hijo …   Իմ որդին …
[im vordín …]

Mi padre …   Իմ հայրն …
[im hajrn …]

Mi mujer no se encuentra bien.   Իմ կինն իրեն վատ է զգում:
[im kinn irén vat é zgum]

Mi hija …   Իմ դուստրն …
[im dustrn …]

Mi madre …   Իմ մայրն …
[im majrn …]

Me duele …   Իմ … ցավում է:
[im … ts^havúm é]

la cabeza   գլուխը
[glúxə]

la garganta   կոկորդը
[kokórdə]

el estómago   փորը
[p^hórə]

un diente   ատամը
[atámə]

Estoy mareado.   Գլուխս պտտվում է:
[gluxs ptətvúm é]

Él tiene fiebre.   Նա ջերմություն ունի:
[na dʒermut^hjún uní]

Ella tiene fiebre.   Նա ջերմություն ունի:
[na dʒermut^hjún uní]

No puedo respirar.   Ես չեմ կարողանում շնչել:
[es čem karoğanúm šnčel]

Me ahogo.   Խեղդվում եմ:
[xeğdvúm em]

Tengo asma.   Ես աստմահար եմ:
[es ast^hmahár em]

Tengo diabetes.   Ես շաքարախտ ունեմ:
[es šak^haráxt uném]

No puedo dormir.	Ես անքնություն ունեմ:
	[es ankʰnutʰjún uném]
intoxicación alimentaria	սննդային թունավորում
	[snəndajín tʰunavorúm]

Me duele aquí.	Այստեղ է ցավում:
	[ajstég ē tsʰavúm]
¡Ayúdeme!	Օգնեցե´ք:
	[ognetsʰékʰ!]
¡Estoy aquí!	Ես այստեղ'ղ եմ:
	[es ajstég em!]
¡Estamos aquí!	Մենք այստեղ'ղ ենք:
	[menkʰ ajstég enkʰ!]
¡Saquenme de aquí!	Հանե´ք ինձ:
	[hanékʰ indz]
Necesito un médico.	Ինձ բժիշկ է պետք:
	[indz bʒíšk ē petkʰ]
No me puedo mover.	Ես չեմ կարողանում շարժվել:
	[es čem karogánúm šarʒvél]
No puedo mover mis piernas.	Ես չեմ զգում votkʰérs]
	[es čem zgum votkʰérs]

Tengo una herida.	Ես վիրավոր եմ:
	[es viravór em]
¿Es grave?	Լո´ւրջ:
	[lurdʒ?]
Mis documentos están en mi bolsillo.	Իմ փաստաթղթերը գրպանումս են:
	[im pʰastatʰgtʰérə grpanúms en]
¡Cálmese!	Հանգստացե´ք:
	[hangstatsʰékʰ]
¿Puedo usar su teléfono?	Կարո´ղ եմ զանգահարել:
	[karóg em zangaharél?]

¡Llame a una ambulancia!	Շտապ օգնություն'ն կանչեք:
	[štap ognutʰjún kančékʰ]
¡Es urgente!	Սա շտապ'պ է:
	[sa štap ē!]
¡Es una emergencia!	Սա շա'տ շտապ է:
	[sa šat štap ē!]
¡Más rápido, por favor!	Արագացրեք, խնդրո´ւ մ եմ:
	[aragatsʰrékʰ xndrum em!]
¿Puede llamar a un médico, por favor?	Բժիշկ կանչեք, խնդրում եմ:
	[bʒíšk kančékʰ, xndrum em]
¿Dónde está el hospital?	Ասացեք, որտե´ղ է հիվանդանոցը:
	[asatsʰékʰ, vortég ē hivandanótsʰə?]

¿Cómo se siente?	Ինչպե´ս եք ձեզ զգում:
	[inčpés ekʰ dzez zgum?]
¿Se encuentra bien?	Ձեզ հետ ամէն ինչ կարգի´ն է:
	[dzez hēt amén inč kargín ē?]
¿Qué pasó?	Ի´նչ է պատահել:
	[inč ē patahél?]

Me encuentro mejor.

Ես արդեն ինձ լավ եմ զգում։
[es ardén indz lav em zgum]

Está bien.

Ամեն ինչ կարգին է։
[amén inč kargín ē]

Todo está bien.

Ամեն ինչ լավ է։
[amén inč lav ē]

En la farmacia

la farmacia	դեղատուն [degatún]
la farmacia 24 horas	շուրջօրյա դեղատուն [šurdžorjá degatún]
¿Dónde está la farmacia más cercana?	Որտե՞ղ է մոտակա դեղատունը: [vortég e motaká degatúne?]

¿Está abierta ahora?	Այն հիմա բա՞ց է: [ajn hima batsʰ e?]
¿A qué hora abre?	Ժամը քանիսի՞ն է այն բացվում: [žáme kʰanisín e ajn batsʰvúm?]
¿A qué hora cierra?	Մինչև ո՞ր ժամն է այն աշխատում: [minčév vor žamn e ajn ašxatúm?]

¿Está lejos?	Դա հեռու՞ է: [da herú e?]
¿Puedo llegar a pie?	Ես կհասնե՞մ այնտեղ ոտքով: [es khasném ajntég votkʰóv?]
¿Puede mostrarme en el mapa?	Ցույց տվեք ինձ քարտեզի վրա, խնդրում եմ: [tsʰujtsʰ tvekʰ indz kartezí vra, xndrum em]

Por favor, deme algo para …	Տվեք ինձ ինչ-որ բան … համար: [tvekʰ indz ínč-vor ban … hamár]
un dolor de cabeza	գլխացավի [glxatsʰavi]
la tos	հազի [hazi]
el resfriado	մրսածության [mrsatsutʰján]
la gripe	հարբուխի [harbuxí]

la fiebre	ջերմության [džermútʰján]
un dolor de estomago	փորացավի [pʰoratsʰaví]
nauseas	սրտխառնոցի [srtxarnotsʰí]
la diarrea	լուծի [lutsí]
el estreñimiento	փորկապության [pʰorkaputʰján]

69

un dolor de espalda	մեջքի ցավ [medʒkʰí tsʰav]
un dolor de pecho	կրծքի ցավ [krtskʰí tsʰav]
el flato	կողացավ [koğatsʰáv]
un dolor abdominal	փորացավ [pʰoratsʰáv]

la píldora	հաբ [hab]
la crema	քսուք, կրեմ [kʰsukʰ, krem]
el jarabe	օշարակ [ošarák]
el spray	սփրեյ [spʰrej]
las gotas	կաթիլներ [katʰílnér]

Tiene que ir al hospital.	Դուք պետք է հիվանդանոց գնաք: [dukʰ petkʰ ē hivandanótsʰ gnakʰ]
el seguro de salud	ապահովագրություն [apahovagrutʰjún]
la receta	դեղատոմս [değatóms]
el repelente de insectos	միջատների դեմ միջոց [midʒatnerí dem midʒótsʰ]
la curita	լեյկոսպեղանի [lejkospeğaní]

Lo más imprescindible

Perdone, …	Ներեցեք, … [nerefs^hék^h, …]
Hola.	Բարև Ձեզ: [barév dzez]
Gracias.	Շնորհակալություն: [šnorhakalut^hjún]

Sí.	Այո: [ajó]
No.	Ոչ: [voč]
No lo sé.	Ես չգիտեմ: [es čgitém]
¿Dónde?	¿A dónde?	¿Cuándo?	Որտեղ?	Ո՞ւր:	Ե՞րբ: [vórteg?	ur?	erb?]

Necesito …	Ինձ հարկավոր է … [indz harkavór e …]
Quiero …	Ես ուզում եմ … [es uzúm em …]
¿Tiene …?	Դուք ունե՞ք …: [duk^h unék^h …?]
¿Hay … por aquí?	Այստեղ կա՞ …: [ajstég ka …?]
¿Puedo …?	Ես կարո՞ղ եմ …: [es karóg em …?]
…, por favor? (petición educada)	Խնդրում եմ [xndrum em]

Busco …	Ես փնտրում եմ … [es p^hntrum em …]
el servicio	զուգարան [zugarán]
un cajero automático	բանկոմատ [bankomát]
una farmacia	դեղատուն [degatún]
el hospital	հիվանդանոց [hivandanóts^h]

la comisaría	ոստիկանության բաժանմունք [vostikanut^hján bažanmúnk^h]
el metro	մետրո [metró]

71

un taxi	տաքսի [takʰsi]
la estación de tren	կայարան [kajarán]

Me llamo …	Իմ անունը … է: [im anúnə … ē]
¿Cómo se llama?	Ձեր անունն ի՞նչ է: [dzer anúnn inč ē?]
¿Puede ayudarme, por favor?	Օգնեցէք ինձ, խնդրեմ: [ognetsʰēkʰ indz, χndrem]
Tengo un problema.	Ես խնդիր ունեմ: [es χndir uném]
Me encuentro mal.	Ես ինձ վատ եմ զգում: [es indz vat em zgum]
¡Llame a una ambulancia!	Շտապ օգնություն'ն կանչէք: [štap ognutʰjún kančēkʰ]
¿Puedo llamar, por favor?	Կարո՞ղ եմ զանգահարէլ: [karóg em zangaharél?]

Lo siento.	Ներեցէք [neretsʰēkʰ]
De nada.	Խնդրեմ [χndrem]

Yo	Ես [es]
tú	դու [du]
él	նա [na]
ella	նա [na]
ellos	նրանք [nrankʰ]
ellas	նրանք [nrankʰ]
nosotros /nosotras/	մենք [menkʰ]
ustedes, vosotros	դուք [dukʰ]
usted	Դուք [nrankʰ]

ENTRADA	ՄՈՒՏՔ [mutkʰ]
SALIDA	ԵԼՔ [elkʰ]
FUERA DE SERVICIO	ՉԻ ԱՇԽԱՏՈՒՄ [či ašχatúm]
CERRADO	ՓԱԿ Է [pʰak ē]

ABIERTO

ԲԱՑ Է
[batsʰ ē]

PARA SEÑORAS

ԿԱՆԱՆՑ ՀԱՄԱՐ
[kanántsʰ hamár]

PARA CABALLEROS

ՏՂԱՄԱՐԴԿԱՆՑ ՀԱՄԱՐ
[tġamardkántsʰ hamár]

MINI DICCIONARIO

Esta sección contiene 250
palabras útiles necesarias
para la comunicación diaria.
Encontrará ahí los nombres
de los meses y de los días
de la semana.
El diccionario también
contiene temas relevantes
tales como colores, medidas,
familia, y más

T&P Books Publishing

CONTENIDO DEL DICCIONARIO

T&P Books Publishing

tiempo (m)	ժամանակ	[ʒamanák]
hora (f)	ժամ	[ʒam]
media hora (f)	կես ժամ	[kes ʒam]
minuto (m)	րոպե	[ropé]
segundo (m)	վայրկյան	[vajrkján]
hoy (adv)	այսոր	[ajsór]
mañana (adv)	վաղը	[váǵə]
ayer (adv)	երեկ	[erék]
lunes (m)	երկուշաբթի	[erkušabtʰí]
martes (m)	երեքշաբթի	[erekʰšabtʰí]
miércoles (m)	չորեքշաբթի	[čorekʰšabtʰí]
jueves (m)	հինգշաբթի	[hingšabtʰí]
viernes (m)	ուրբաթ	[urbátʰ]
sábado (m)	շաբաթ	[šabátʰ]
domingo (m)	կիրակի	[kirakí]
día (m)	օր	[or]
día (m) de trabajo	աշխատանքային օր	[ašχatankʰajín or]
día (m) de fiesta	տոնական օր	[tonakán or]
fin (m) de semana	շաբաթ, կիրակի	[šabátʰ, kirakí]
semana (f)	շաբաթ	[šabátʰ]
semana (f) pasada	անցյալ շաբաթ	[antsʰjál šabátʰ]
semana (f) que viene	հաջորդ շաբաթ	[hadʒórt shabát]
por la mañana	առավոտյան	[aravotján]
por la tarde	ճաշից հետո	[čašítsʰ hetó]
por la noche	երեկոյան	[erekoján]
esta noche (p.ej. 8:00 p.m.)	այսոր երեկոյան	[ajsór erekoján]
por la noche	գիշերը	[gišérə]
medianoche (f)	կեսգիշեր	[kesgišér]
enero (m)	հունվար	[hunvár]
febrero (m)	փետրվար	[pʰetrvár]
marzo (m)	մարտ	[mart]
abril (m)	ապրիլ	[apríl]
mayo (m)	մայիս	[majís]
junio (m)	հունիս	[hunís]
julio (m)	հուլիս	[hulís]
agosto (m)	օգոստոս	[ogostós]

septiembre (m)	սեպտեմբեր	[septembér]
octubre (m)	հոկտեմբեր	[hoktembér]
noviembre (m)	նոյեմբեր	[noembér]
diciembre (m)	դեկտեմբեր	[dektembér]

en primavera	գարնանը	[garnánə]
en verano	ամռանը	[amránə]
en otoño	աշնանը	[ašnánə]
en invierno	ձմռանը	[dzmránə]

mes (m)	ամիս	[amís]
estación (f)	սեզոն	[sezón]
año (m)	տարի	[tarí]

2. Números. Los numerales

cero	զրո	[zro]
uno	մեկ	[mek]
dos	երկու	[erkú]
tres	երեք	[erékʰ]
cuatro	չորս	[čors]

cinco	հինգ	[hing]
seis	վեց	[vetsʰ]
siete	յոթ	[jotʰ]
ocho	ութ	[utʰ]
nueve	ինը	[ínə]
diez	տաս	[tas]

once	տասնմեկ	[tasnmék]
doce	տասներկու	[tasnerkú]
trece	տասներեք	[tasnerékʰ]
catorce	տասնչորս	[tasnčórs]
quince	տասնհինգ	[tasnhíng]

dieciséis	տասնվեց	[tasnvétsʰ]
diecisiete	տասնյոթ	[tasnjótʰ]
dieciocho	տասնութ	[tasnútʰ]
diecinueve	տասնինը	[tasnínə]

veinte	քսան	[kʰsan]
treinta	երեսուն	[eresún]
cuarenta	քառասուն	[kʰarasún]
cincuenta	հիսուն	[hisún]

sesenta	վաթսուն	[vatʰsún]
setenta	յոթանասուն	[jotʰanasún]
ochenta	ութսուն	[utʰsún]
noventa	իննսուն	[innsún]
cien	հարյուր	[harjúr]

doscientos	երկու հարյուր	[erkú harjúr]
trescientos	երեք հարյուր	[erékʰ harjúr]
cuatrocientos	չորս հարյուր	[čórs harjúr]
quinientos	հինգ հարյուր	[hing harjúr]
seiscientos	վեց հարյուր	[vetsʰ harjúr]
setecientos	յոթ հարյուր	[jotʰ harjúr]
ochocientos	ութ հարյուր	[utʰ harjúr]
novecientos	ինը հարյուր	[ínə harjúr]
mil	հազար	[hazár]
diez mil	տաս հազար	[tas hazár]
cien mil	հարյուր հազար	[harjúr hazár]
millón (m)	միլիոն	[milión]
mil millones	միլիարդ	[miliárd]

3. El ser humano. Los familiares

hombre (m) (varón)	տղամարդ	[tġamárd]
joven (m)	պատանի	[pataní]
mujer (f)	կին	[kin]
muchacha (f)	օրիորդ	[oriórd]
anciano (m)	ծերունի	[tseruní]
anciana (f)	պառավ	[paráv]
madre (f)	մայր	[majr]
padre (m)	հայր	[hajr]
hijo (m)	որդի	[vordí]
hija (f)	դուստր	[dustr]
hermano (m)	եղբայր	[eġbájr]
hermana (f)	քույր	[kʰujr]
padres (pl)	ծնողներ	[tsnoġnér]
niño -a (m, f)	երեխա	[ereχá]
niños (pl)	երեխաներ	[ereχanér]
madrastra (f)	խորթ մայր	[χortʰ majr]
padrastro (m)	խորթ հայր	[χortʰ hajr]
abuela (f)	տատիկ	[tatík]
abuelo (m)	պապիկ	[papík]
nieto (m)	թոռ	[tʰor]
nieta (f)	թոռնուհի	[tʰornuhí]
nietos (pl)	թոռներ	[tʰornér]
sobrino (m)	քրոջորդի, քրոջ աղջիկ	[kʰrodʒordí], [kʰrodʒ aġdʒík]
sobrina (f)	եղբորորդի, եղբոր աղջիկ	[eġborordí], [eġbór aġdʒík]
mujer (f)	կին	[kin]
marido (m)	ամուսին	[amusín]

casado (adj)	ամուսնացած	[amusnatsʰáts]
casada (adj)	ամուսնացած	[amusnatsʰáts]
viuda (f)	այրի կին	[ajrí kin]
viudo (m)	այրի տղամարդ	[ajrí tgamárd]
nombre (m)	անուն	[anún]
apellido (m)	ազգանուն	[azganún]
pariente (m)	ազգական	[azgakán]
amigo (m)	ընկեր	[ənkér]
amistad (f)	ընկերություն	[ənkerutʰjún]
compañero (m)	գործընկեր	[gortsənkér]
superior (m)	պետ	[pet]
colega (m, f)	գործընկեր	[gortsənkér]
vecinos (pl)	հարևաններ	[harevannér]

4. El cuerpo. La anatomía humana

cuerpo (m)	մարմին	[marmín]
corazón (m)	սիրտ	[sirt]
sangre (f)	արյուն	[arjún]
cerebro (m)	ուղեղ	[uǵéǵ]
hueso (m)	ոսկոր	[voskór]
columna (f) vertebral	ողնաշար	[voǵnašár]
costilla (f)	կողոսկր	[koǵóskr]
pulmones (m pl)	թոքեր	[tʰokʰér]
piel (f)	մաշկ	[mašk]
cabeza (f)	գլուխ	[gluχ]
cara (f)	երես	[erés]
nariz (f)	քիթ	[kʰitʰ]
frente (f)	ճակատ	[čakát]
mejilla (f)	այտ	[ajt]
boca (f)	բերան	[berán]
lengua (f)	լեզու	[lezú]
diente (m)	ատամ	[atám]
labios (m pl)	շրթունքներ	[šrtʰunkʰnér]
mentón (m)	կզակ	[kzak]
oreja (f)	ականջ	[akándʒ]
cuello (m)	պարանոց	[paranótsʰ]
ojo (m)	աչք	[ačkʰ]
pupila (f)	բիբ	[bib]
ceja (f)	ունք	[unkʰ]
pestaña (f)	թարթիչ	[tʰartʰíč]
pelo, cabello (m)	մազեր	[mazér]
peinado (m)	սանրվածք	[sanrvátskʰ]

bigote (m)	բեղեր	[beģér]
barba (f)	մորուք	[morúkʰ]
tener (~ la barba)	կրել	[krel]
calvo (adj)	ճաղատ	[čaģát]

mano (f)	դաստակ	[dasták]
brazo (m)	թև	[tʰev]
dedo (m)	մատ	[mat]
uña (f)	եղունգ	[eģúng]
palma (f)	ափ	[apʰ]

hombro (m)	ուս	[us]
pierna (f)	ոտք	[votkʰ]
rodilla (f)	ծունկ	[tsunk]
talón (m)	կրունկ	[krunk]
espalda (f)	մեջք	[medʒkʰ]

5. La ropa. Accesorios personales

ropa (f)	հագուստ	[hagúst]
abrigo (m)	վերարկու	[verarkú]
abrigo (m) de piel	մուշտակ	[mušták]
cazadora (f)	բաճկոն	[bačkón]
impermeable (m)	թիկնոց	[tʰiknótsʰ]

camisa (f)	վերնաշապիկ	[vernašapík]
pantalones (m pl)	տաբատ	[tabát]
chaqueta (f), saco (m)	պիջակ	[pidʒák]
traje (m)	կոստյում	[kostjúm]

vestido (m)	զգեստ	[zgest]
falda (f)	շրջազգեստ	[šrdʒazgést]
camiseta (f) (T-shirt)	մարզաշապիկ	[marzašapík]
bata (f) de baño	խալաթ	[χalátʰ]
pijama (m)	ննջազգեստ	[nndʒazgést]
ropa (f) de trabajo	աշխատանքային համազգեստ	[ašχatankʰajín hamazgést]

ropa (f) interior	ներքնազգեստ	[nerkʰnazgést]
calcetines (m pl)	կիսագուլպա	[kisagulpá]
sostén (m)	կրծքակալ	[krʦkʰákal]
pantimedias (f pl)	զուգագուլպա	[zugagulpá]
medias (f pl)	գուլպաներ	[gulpanér]
traje (m) de baño	լողազգեստ	[loģazgést]

gorro (m)	գլխարկ	[glχark]
calzado (m)	կոշիկ	[košík]
botas (f pl) altas	երկարաճիտ կոշիկներ	[erkaračít košiknér]
tacón (m)	կրունկ	[krunk]
cordón (m)	կոշկակապ	[koškakáp]

betún (m)	կոշիկի քսուք	[košikí ksúkʰ]
guantes (m pl)	ձեռնոցներ	[dzernotsʰnér]
manoplas (f pl)	ձեռնոց	[dzernótsʰ]
bufanda (f)	շարֆ	[šarf]
gafas (f pl)	ակնոց	[aknótsʰ]
paraguas (m)	հովանոց	[hovanótsʰ]
corbata (f)	փողկապ	[pʰoġkáp]
moquero (m)	թաշկինակ	[tʰaškinák]
peine (m)	սանր	[sanr]
cepillo (m) de pelo	մազերի խոզանակ	[mazerí χozanák]
hebilla (f)	ճարմանդ	[čarmánd]
cinturón (m)	գոտի	[gotí]
bolso (m)	կանացի պայուսակ	[kanatsʰí pajusák]

6. La casa. El apartamento

apartamento (m)	բնակարան	[bnakarán]
habitación (f)	սենյակ	[senják]
dormitorio (m)	ննջարան	[nndʒarán]
comedor (m)	ճաշասենյակ	[čašasenják]
salón (m)	հյուրասենյակ	[hjurasenják]
despacho (m)	աշխատասենյակ	[ašχatasenják]
antecámara (f)	նախասենյակ	[naχasenják]
cuarto (m) de baño	լոգարան	[logarán]
servicio (m)	զուգարան	[zugarán]
aspirador (m), aspiradora (f)	փոշեկուլ	[pʰošekúl]
fregona (f)	շվաբր	[švabr]
trapo (m)	ջնջոց	[dʒndʒotsʰ]
escoba (f)	ավել	[avél]
cogedor (m)	աղբական	[aġbakál]
muebles (m pl)	կահույք	[kahújkʰ]
mesa (f)	սեղան	[seġán]
silla (f)	աթոռ	[atʰór]
sillón (m)	բազկաթոռ	[bazkatʰór]
espejo (m)	հայելի	[hajelí]
tapiz (m)	գորգ	[gorg]
chimenea (f)	բուխարի	[buχarí]
cortinas (f pl)	վարագույր	[varagújr]
lámpara (f) de mesa	սեղանի լամպ	[seġaní lámp]
lámpara (f) de araña	ջահ	[dʒah]
cocina (f)	խոհանոց	[χohanótsʰ]
cocina (f) de gas	գազօջախ	[gazodʒáχ]
cocina (f) eléctrica	էլեկտրական սալօջախ	[ēlektrakán salodʒáχ]

horno (m) microondas   միկրոալիքային վառարան   [mikroalikʰajín vararán]

frigorífico (m)   սառնարան   [sarnarán]

congelador (m)   սառնախցիկ   [sarnaχtsʰík]

lavavajillas (m)   աման լվացող մեքենա   [amán lvatsʰóġ mekʰená]

grifo (m)   ծորակ   [tsorák]

picadora (f) de carne   մսաղաց   [msaġátsʰ]

exprimidor (m)   հյութքամիչ   [hjutʰakʰamíč]

tostador (m)   տոստեր   [tostér]

batidora (f)   հարիչ   [haríč]

cafetera (f) (aparato de cocina)   սրճեփ   [srčepʰ]

hervidor (m) de agua   թեյնիկ   [tʰejník]

tetera (f)   թեյման   [tʰejamán]

televisor (m)   հեռուստացույց   [herustatsʰújtsʰ]

vídeo (m)   տեսամագնիտոֆոն   [tesamagnitofón]

plancha (f)   արդուկ   [ardúk]

teléfono (m)   հեռախոս   [heraχós]